Impressum
Verlag: BABADADA GmbH, Nedderfeld 112 , 22529 Hamburg
Geschäftsführer / Verlagsleitung: Harald Hof
Druck: Books on Demand GmbH, In de Tarpen 42, 22848 Norderstedt

Imprint
Publisher: BABADADA GmbH, Nedderfeld 112 , 22529 Hamburg, Germany
Managing Director / Publishing direction: Harald Hof
Print: Books on Demand GmbH, In de Tarpen 42, 22848 Norderstedt

colegio

اسڪول

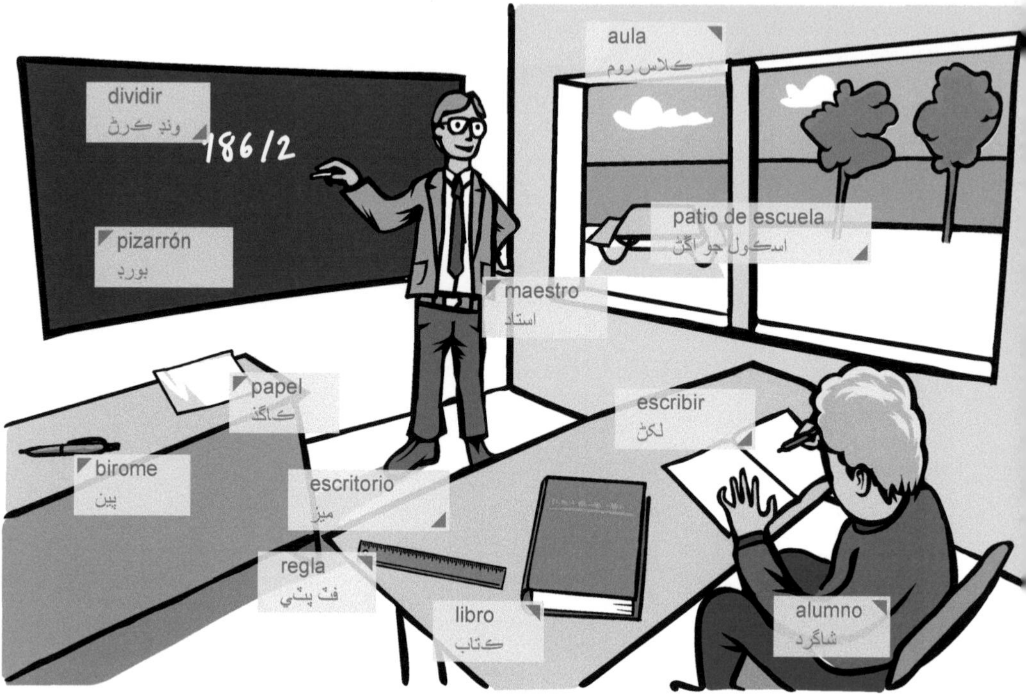

aula
ڪلاس روم
dividir
ونڊ ڪرڻ
186/2
pizarrón
بورڊ
patio de escuela
اسڪول جو اڱڻ
maestro
استاد
papel
ڪاغذ
escribir
لکڻ
birome
پين
escritorio
ميز
regla
فٽ پٽي
libro
ڪتاب
alumno
شاگرد

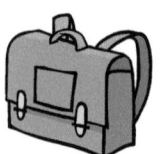

mochila

بستو

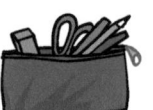

caja de lápices

پينسل باڪس

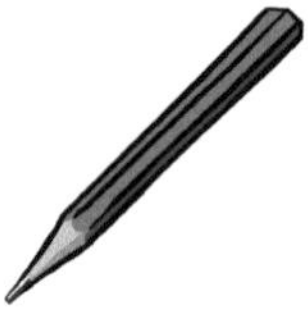

lápiz

پينسل

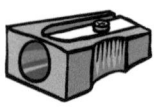

sacapuntas

پينسل شارپنر

goma (de borrar)

ربڙ

bloc de dibujo

ڊرائنگ پيڊ

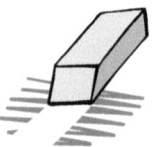

dibujo

برائنگ

pincel

پينٽ برش

caja de pinturas

پينٽ باڪس

tijera

قينچي

pegamento

ڪئونر

cuaderno de ejercicios

مشق ڪرڻ واري ڪاپي

tarea

هوم ورڪ

número

عدد

sumar

جوڙ ڪرڻ

restar

ڪٽ ڪرڻ

multiplicar

ضرب ڪرڻ

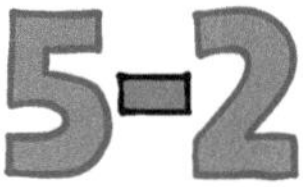

calcular

حساب ڪرڻ

A

letra

خط

ABCDEFG
HIJKLMN
OPQRSTU
VWXYZ

abecedario

الفابيٽ

palabra

لفظ

texto

مضمون

leer

پڙهڻ

tiza

چاڪ

lección

سبق

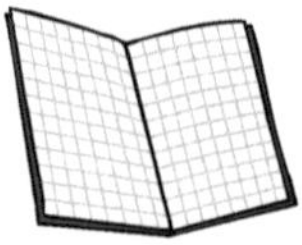

cuaderno de clase

رجسٽر

examen

امتحان

certificado

سرٽيفڪيٽ

uniforme escolar

اسڪول يونيفارم

educación

تعليم

enciclopedia

انسائڪلوپيڊيا

universidad

يونيورسٽي

microscopio

خوردبيني

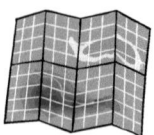

mapa

نقشو

tacho (de basura)

ردي جي ٽوڪري

hotel
هوٹل
hostel
هاسٹل
casa de cambio
رقم تبديل ڪرائڻ جي آفيس
valija
auto

idioma

ٻولي

sí / no

ها يا نه

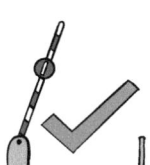

Está bien

صحيح آهي

hola

هيلو

traductor

مترجم

Gracias

مهرباني

¿cuánto cuesta...?

هن جي قيمت گهڻي آهي.....؟

No entiendo

مون کي سمجھ ۾ نٿو اچي

problema

مسئلو

¡Buenas tardes!

گڊ ايوننگ

¡Buenos días!

صبح بخير

¡Buenas noches!

شب خير

adiós

الوداع

dirección

طرف

equipaje

سفري سامان

bolso

بيگ

mochila

پويان ٻڌن وارو بيگ

invitado

مهمان

habitación

ڪمرو

bolsa de dormir

بستر وارو بيگ

carpa

خيمو

información turística

سیاحت بابت معلومات

playa

سمنډ کنارو

tarjeta de crédito

کریډټ کارډ

desayuno

ناشتو

almuerzo

لنچ

cena

ډنر

pasaje

ټکټ

ascensor

لفټ

sello

مهر

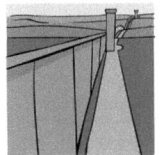

frontera

سرحد

aduana

ګاهک

embajada

سفارتخانو

visa

ویزا

pasaporte

پاسپورټ

transporte

آمد و رفت

avión
هوائي جهاز
barco
سمندري جهاز
autobomba
باه واسائڻ واري گاڏي
colectivo
بس
camión
lancha a motor
bicicleta
سائيڪل
auto

ferry

فيري

bote

بيڙي

moto

موٽر سائيڪل

patrullero

پوليس ڪار

auto de carreras

ريسنگ ڪار

auto de alquiler

رينٽل ڪار

alquiler de autos

....

چشئيرنگ ڪار

grúa

....

چڪڻ وارو ٽرڪ

camión de basura

....

ڪچري واري ٽرڪ

motor

....

ڪار

nafta

....

فيول

estación de servicio

....

پيٽرول اسٽيشن

señal de tránsito

....

ٽريفڪ جا نشان

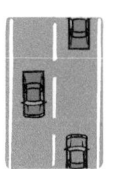

tránsito

....

ٽريفڪ

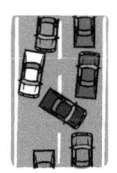

embotellamiento

....

ٽريفڪ جام

estacionamiento

....

ڪار پارڪ

estación de tren

....

ٽرين اسٽيشن

vías

....

پٽڙيون

tren

....

ٽرين

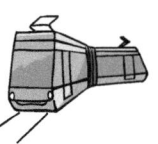

tranvía

....

ٽرام

vagón

....

ويگن

helicóptero

هيليڪاپٽر

aeropuerto

ايئرپورٽ

torre

ٽاور

pasajero

مسافر

contenedor

ڪنٽينر

caja de cartón

دٻو

carretilla

ريڙهي

canasta

ٽوڪري

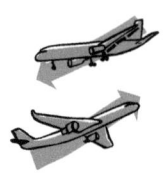

despegar / aterrizar

اڏرڻ / زمين تي لهڻ

ciudad

شهر

pueblo

ڳوٺ

centro de ciudad

شهر جو مرڪز

casa

گهر

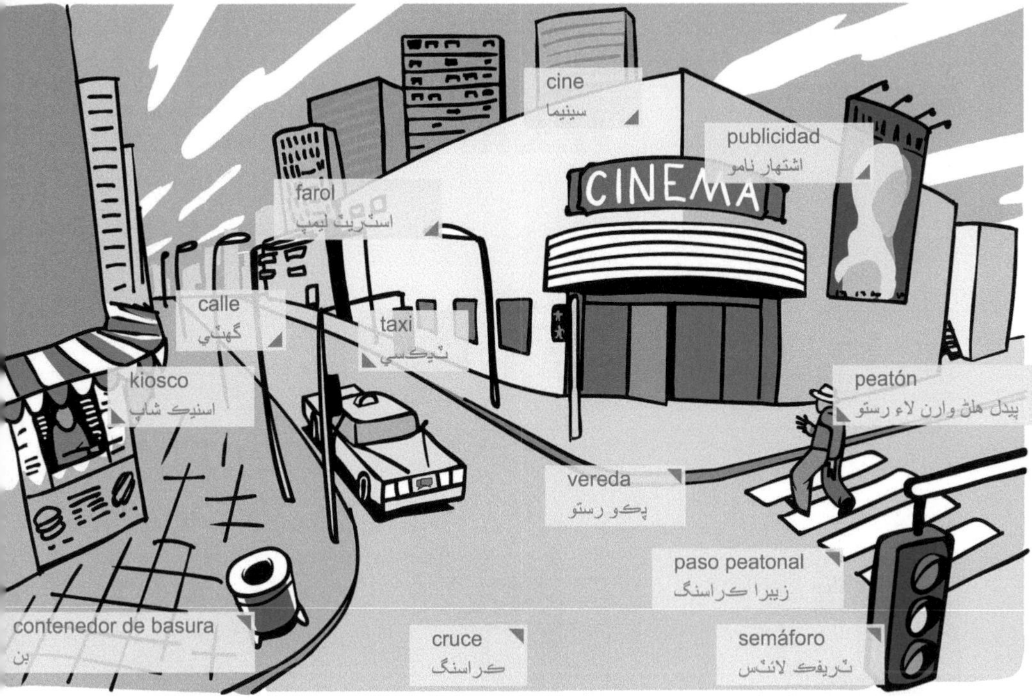

CINEMA

cine — سینیما

publicidad — اشتهار نامو

farol — اسٹریٹ لیمپ

calle — گهٹي

taxi — ٹیوکسی

kiosco — اسنیک شاپ

peatón — پیدل هلن وارن لاء رستو

vereda — پکو رستو

paso peatonal — زیبرا کراسنگ

contenedor de basura — بن

cruce — کراسنگ

semáforo — ٹریفک لائٹس

cabaña

جهوپڑي

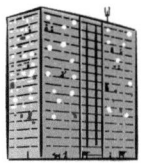

departamento

فلیٹ

estación de tren

ٹرین اسٹیشن

municipalidad

ٹائون هال

museo

عجائب گهر

colegio

اسکول

universidad

يونيورسٽي

banco

بينڪ

hospital

اسپتال

hotel

هوٽل

farmacia

فارميسي

oficina

آفس

librería

ڪتابن جي ڪتاب

negocio

دڪان

florería

گلن جي دڪان

supermercado

سپر مارڪيٽ

mercado

مارڪيٽ

grandes tiendas

ڊپارٽمينٽ اسٽور

pescadería

مڇي جي دڪان

centro comercial

شاپنگ سينٽر

puerto

بندرگاه

parque

پارک

banco

بینچ

puente

پل

escaleras

ڈاکٹ

subte

زیر زمین میٹرو

túnel

سرنگ

parada del colectivo

بس اسٹاپ

bar

شراب خانو

restaurante

روسٹورینٹ

buzón

پوسٹ باکس

letrero

اسٹریٹ سائن

parquímetro

پارکنگ میٹر

zoológico

چڑیا گھر

pileta

سوئمنگ پول

mezquita

مسجد

granja

فارم

contaminación

آلودگي

cementerio

قبرستان

iglesia

چرچ

juegos infantiles

راند جو ميدان

templo

مندر

paisaje

زميني منظر

hoja
پتو

poste indicador
سائن بورڊ

camino
رستو

pradera
ساوڪ واري زمين

piedra
پٿر

árbol
وڻ

excursionista
پيادل هلڻ وارو هائيڪر

río
دريا

hierba
ڃر

flor
گل

valle

وادي

montaña

جبل

lago

ڍنڍ

bosque

ٻيلو

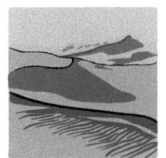

desierto

ريگستان

volcán

آتش فشان

castillo

قلعو

arco iris

انڊلٺ

champiñón

کنڀي

palmera

کھجي جو وڻ

mosquito

مڇر

mosca

مک

hormiga

ڪيولي

abeja

ماکي جي مک

araña

مڪڙي

escarabajo

ٽنبڻ

rana

ڏيڏر

ardilla

نوريئڙو

erizo

چاهو

liebre

خرگوش

lechuza

چبرو

pájaro

پکي

cisne

بدڪ

jabalí

سوئر

ciervo

هرڻ

alce

آمريڪي هرڻ جو قسم

presa

ڊيم

aerogenerador

هوا سان هلڻ واروٽربائين

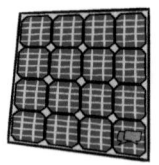

panel solar

سولر پينل

clima

آب و هوا

restaurante

روسٽورينٽ

mozo
ويٽر
menú
ڪاٽي جي فهرست
silla
ڪرسي
sopa
سوپ
pizza
پيزا
cubiertos
چهري ڪانٽا
mantel
ٽيبل جو ڪپڙو

entrada

اسٽارٽر

plato principal

مين ڪورس

postre

ڪاڌي ڪانپوء ڪائڻ وارو مٺو

bebidas

مشروب

comida

خوراڪ

botella

بوتل

comida rápida

فاسٽ فوڊ

comida callejera

اسٽريٽ فوڊ

tetera

ڪيٽلي

azucarera

شگر باؤل

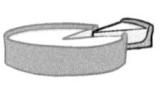

porción

ٽڪڙو

cafetera expreso

ايسپريسو مشين

sillita alta

اونچي ڪرسي

cuenta

بل

bandeja

ٽري

cuchillo

ڇري

tenedor

ڪانٽو

cuchara

چمچ

cucharita

چانهن جو چمچو

servilleta

سرويئٽي

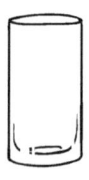

vaso

گلاس

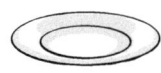

plato

پليٽ

plato hondo

سوپ پليٽ

plato

ساسر

salsa

چٽڻي

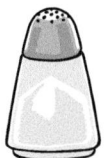

salero

لوڻ داني

molinillo de pimienta

مرچ پيسڻ وارو

vinagre

سرڪو

aceite

کاڌو پچائڻ وارو تيل

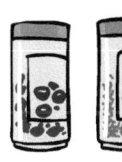

especias

مصالحو

kétchup

ڪيچ اپ

mostaza

سرنهن

mayonesa

مايونيز

supermercado

سپر مارڪيٽ

oferta especial
خصوصي آفر
cliente
خريدار
lácteos
fruta
changuito

carnicería

گوشت جي دڪان

panadería

بيڪري

pesar

وزن ڪرڻ

verduras

سبزيون

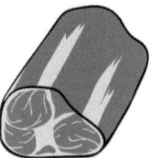

carne

گوشت

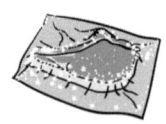

alimentos congelados

ڄميل کاڌو

fiambres

سرد گوشت

alimentos enlatados

دٻي ۾ بند کاڌو

detergente en polvo

واشنگ پاؤڊر

golosinas

مٺائي

electrodomésticos

گھريلو سامان

productos de limpieza

صفائي ڪرڻ وارا پراڊڪٽس

vendedora

سيلز پرسن

caja

ڪيش رجسٽر

cajero

خزانچي

lista de compras

خريداري جي فهرست

horario de atención

اوقات ڪار

billetera

پرس

tarjeta de crédito

ڪريڊٽ ڪارڊ

cartera

بيگ

bolsa de plástico

پلاسٽڪ بيگ

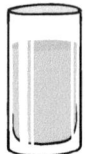

bebidas

مشروب

agua

پاٹي

jugo

جوس

leche

کير

bebida cola

ڪوڪ

vino

وائن

cerveza

بيئر

alcohol

الڪوهل

cacao

ڪوڪو

té

چائي

café

ڪافي

café expreso

ايسپريسو

cappuccino

ڪيپيوچينو

banana

....

كيلو

manzana

....

صوف

naranja

....

مالټو

melón

....

خربوذو

limón

....

ليمون

zanahoria

....

گجر

ajo

....

ثوم

bambú

....

بانس

cebolla

....

بصر

champiñón

....

كنيي

nueces

....

اخروټ، بادام

fideos

....

نوبلز

tallarines

اسپيگٽي

arroz

چانور

ensalada

سلاد

papas fritas

چپس

papas fritas

تريل پٽاٽا

pizza

پيزا

hamburguesa

هيم برگر

sándwich

سينڊوچ

churrasco

گوشت جو ٽڪرو

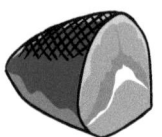

jamón

سور جي ران جو گوشت

salame

خشڪ گوشت

salchicha

ساسيج

pollo

مرغي

asado

روسٽ

pescado

مڇي

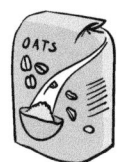

copos de avena

....

جوَ جو دليا

muesli

....

ميوزلي

copos de maíz

....

كارن فليكس

harina

....

اٹو

medialuna

....

كروئسنٹ

pancito

....

بريڈ رول

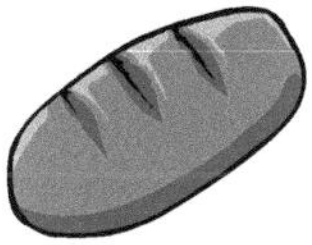

pan

....

بريڈ

tostada

....

ٹوسٹ

galletitas

....

بسكٹ

manteca

....

مكٹا

cuajada

....

دهي

torta

....

كيك

huevo

....

انڈا

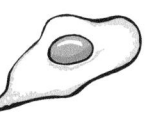

huevo frito

....

فرائي ٹيل انڈو

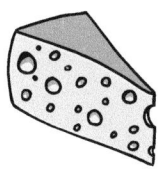

queso

....

پنير

helado

....

آئس کریم

azúcar

....

کنډ

miel

....

ماکي

mermelada

....

مربو

pasta de chocolate

....

چاکلیټ اسپرید

curry

....

ېاچي

granja
فارم هائوس
granero
گدام
fardo de paja
پلال جوگنڍ
campo
زمين
caballo
remolque
tractor
ٽريڪٽر
potrillo
گهوڙي جو ٻچو
burro
oveja
رڍ
cordero
رڍ جو ٻچو

cabra

ٻڪري

vaca

ڳئون

ternero

پاڏو

cerdo

سؤر

lechón

سؤر جو ٻچو

toro

ڍڳو

granja - فارم 27

ganso

هنس

pato

بدڪ

pollo

چوزا

gallina

مرغي

gallo

مرغو

rata

ڪوئو

gato

ٻلي

ratón

ڪوئو

buey

ڏاند

perro

ڪتو

cucha

ڪتي جو گهر

manguera

گاربن هوز

regadera

پاڻي جو ڪين

guadaña

ڏاٽو

arado

هر

hoz

ڏاٽو

azada

رنبو

horquilla

ڏانداري

hacha

ڪهاڙو

carretilla

هٿ سان هلائڻ واري ريڙهي

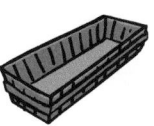

abrevadero

حوض

lechera

ڪير جو ڏبو

bolsa

ڳوڻ

reja

لوڙهو

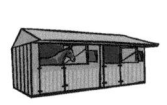

establo

اصطبل

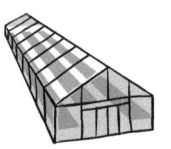

invernadero

گرين هائوس

suelo

مٽي

semilla

ٻج

fertilizador

کهاد

cosechadora

ڪمبائنڊ هارويسٽر

cosechar

فصل ڪٽڻ

cosecha

فصل ڪٽڻ

batatas

هڪ قسم جي ترڪاري

trigo

ڪڻڪ

soja

سويا

papa

پٽاٽو

maíz

مڪائي

semilla de colza

توري جو ٻج

árbol frutal

ميون جو وڻ

mandioca

ڪساوا

cereales

اناج

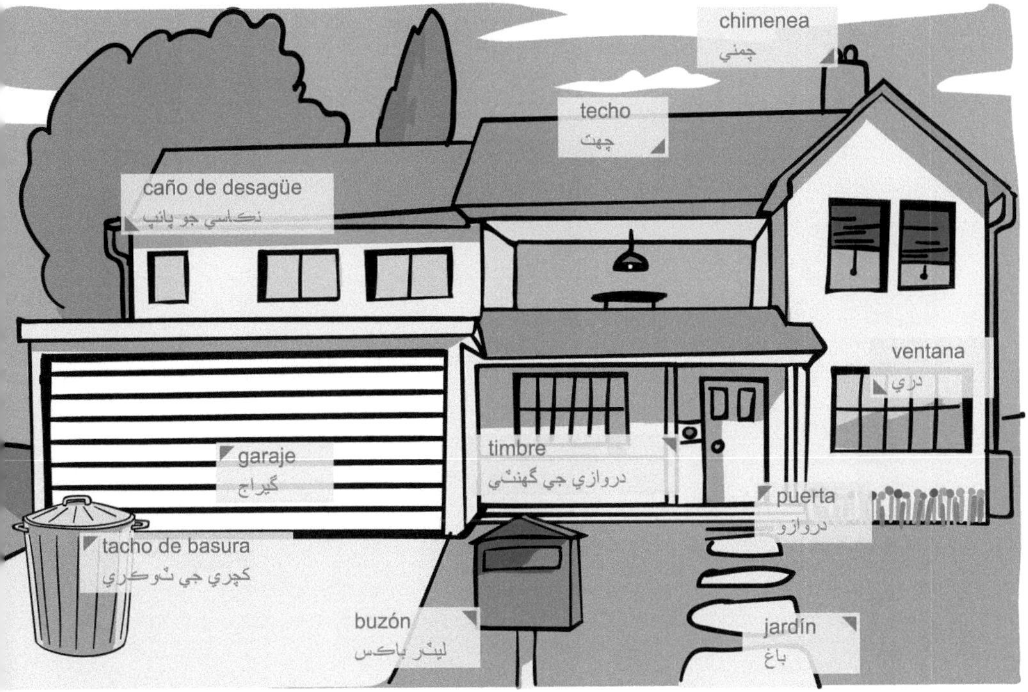

chimenea
چمني
techo
چھت
caño de desagüe
نڪاسي جو پائپ
ventana
دري
garaje
گيراج
timbre
دروازي جي گھنٽي
puerta
دروازو
tacho de basura
ڪچري جي ٽوڪري
buzón
ليٽر باڪس
jardín
باغ

living

لوونگ روم

baño

غسل خانو

cocina

باورچي خانو

dormitorio

بيڊروم

cuarto de los chicos

ٻارن جو ڪمرو

comedor

ڊائننگ روم

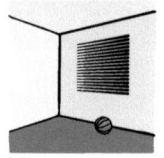

piso

فرش

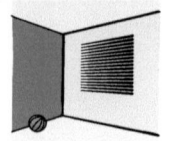

pared

دیوار

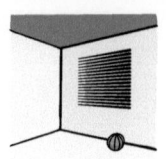

cielorraso

چھت

sótano

تهخانو

sauna

ٻاڦ وارو غسل

balcón

بالڪوني

terraza

ٽيرس

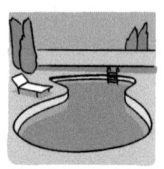

pileta

تلاءُ

cortadora de pasto

گاھ ڪٽڻ واري مشين

sábana

چادر

acolchado

چادر

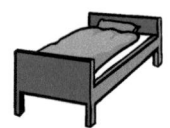

cama

بيڊ

escoba

جھاڙو

balde

بالٽي

interruptor

سوئچ

empapelado
وال پیپر
imagen
تصویر
lámpara
لیمپ
estante
شیلف
armario
الماري
televisión
ټیلیویزن
chimenea
باهوواري چمني
flor
almohadón
کشن
sofá
صوفو
florero
control remoto

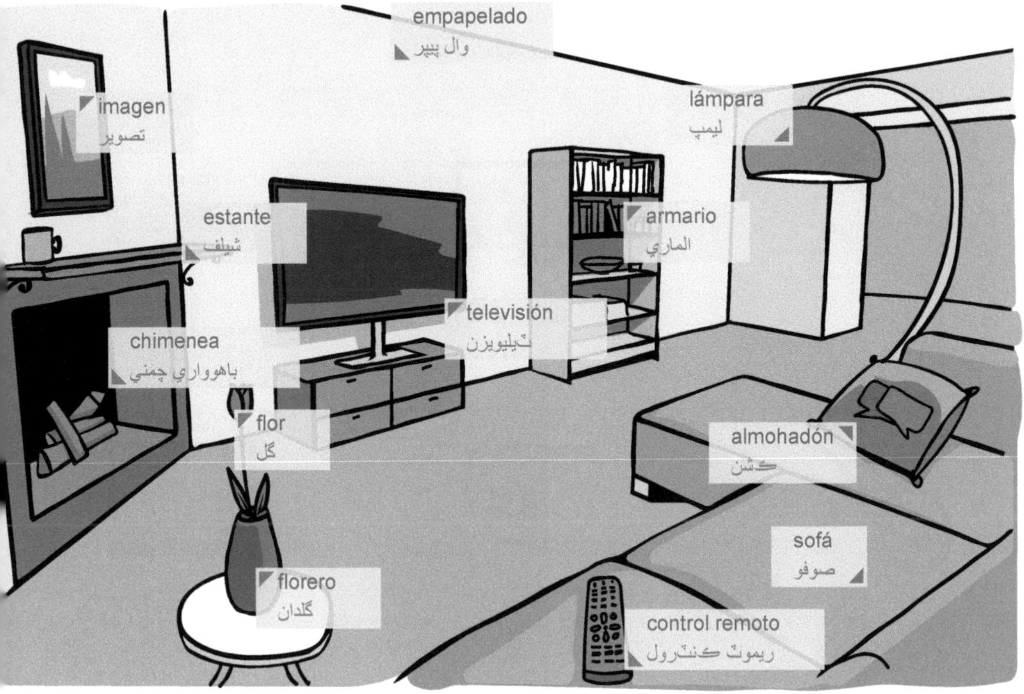

alfombra

قالین

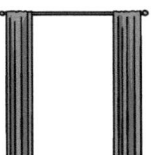

cortina

پردو

mesa

میز

silla

کرسي

mecedora

لڼځ واري کرسي

sillón

آرام کرسي

libro

ڪتاب

frazada

ڪمبل

decoración

آرائش

leña

ٻارڻ واريون ڪاٺيون

película

فلم

equipo de música

هائي فائي

llave

چاٻي

diario

اخبار

pintura

پينٽنگ

póster

پوسٽر

radio

ريڊيو

cuaderno

نوٽ بڪ

aspiradora

ويڪيوم ڪلينر

cactus

ٿوهر جو ٻوٽو

vela

ميڻ بتي

cocina

باورچي خانو

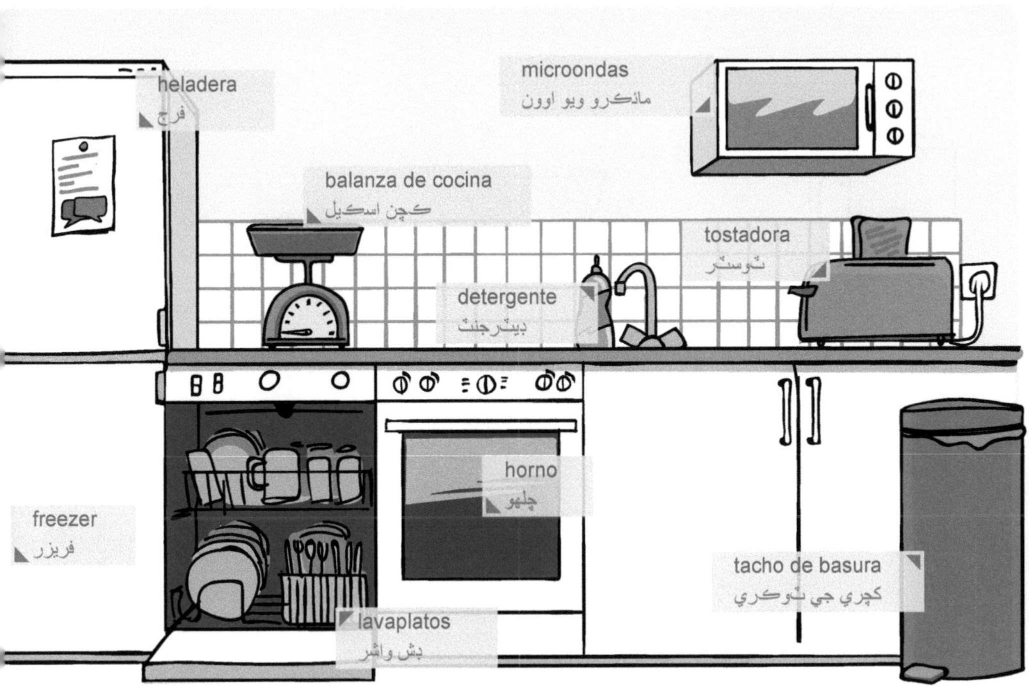

heladera
فرج
microondas
مائڪرو ويو اوون
balanza de cocina
ڪچن اسڪيل
tostadora
ٽوسٽر
detergente
ڊيٽرجنٽ
horno
چلهو
freezer
فريزر
tacho de basura
ڪچري جي ٽوڪري
lavaplatos
ڊش واشر

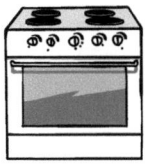

cocina
....
ڪُڪر

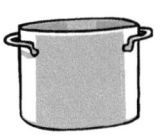

olla
....
ٿانوَ

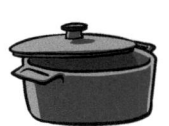

olla de hierro fundido
....
ڪاسٽ آئرن جا ٿانو

wok
....
ڪڙهائي

sartén
....
ترڻ وارو ٿانو

pava
....
ڪيٽلي

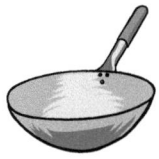

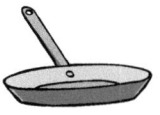

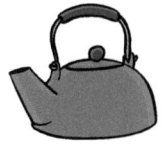

vaporera

اسٽيمر

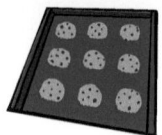

bandeja de horno

بيڪنگ ٽري

vajilla

ڪراڪري

taza

مگ

bol

پيالو

palitos

چاپ اسٽڪس

cucharón

ڏوئي

estpátula

ٿفڻي

batidora

سبزي مڪسر

colador

چهاڻي

colador

چهاڻي

rallador

ڪدو ڪش وارو اوزار

mortero

اکري

parrilla

بار بي ڪيو

fogata

كليل باھ

tabla de picar

سبزي ڪٽڻ وارو بورڊ

palo de amasar

ويلڻ

sacacorchos

ڪارڪ اسڪريو

lata

ڪين

abrelatas

ڪين اوپنر

manopla

ٿانوَ پڪڙڻ وارو ڪپڙو

pileta

سنڪ

cepillo

برش

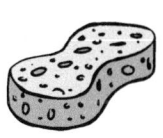

esponja

اسفنج

batidora

بلينبر

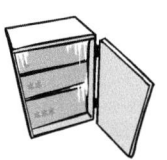

congelador

ڊيپ فريزر

mamadera

ٻار جي بوتل

canilla

نل

baño
غسل خانو

calefacción
toalla
ducha
شاور
cortina de ducha
شاور کرټین
baño de espuma
ببل باټ
bañadera
lavarropas
واشنګ مشین
baldosas
canilla
vaso
pelela
pileta
سنک

inodoro
ټائلټ

letrina
اوکړو ویهڼ وارو ټوائلټ

bidé
شرم گاه ذوئڼ وارو ټب

mingitorio
پیشاب گاه

papel higiénico
ټائلټ پیپر

cepillo para el inodoro
ټائلټ برش

cepillo de dientes
....
ټوته برش

dentífrico
....
ټوته پیسټ

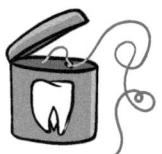

hilo dental
....
ډینټل فلاس

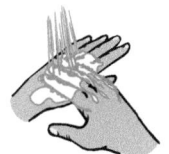

lavar
....
ډوئژ

ducha de mano
....
هینډ شاور

ducha higiénica
....
شاور

palangana
....
بیک برش

cepillo para espalda
....
بیک برش

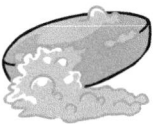

jabón
....
صابن

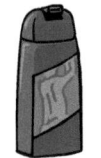

gel de ducha
....
شاور جیل

shampoo
....
شیمپو

toallita
....
فلالین

desagüe
....
ډرین

crema
....
کریم

desodorante
....
ډیوډورنټ

espejo

آئينو

espejito

هڅ م پکړڼ وارو آئينو

maquinita de afeitar

ريزر

espuma de afeitar

شيونګ فوم

aftershave

آفټر شيو

peine

ږمنځ

cepillo

برش

secador de pelo

هيئر ډرائير

spray

هيئر اسپري

maquillaje

ميک اپ

lápiz de labios

سرخي

esmalte para uñas

نيل وارنش

algodón

کپه

tijera para uñas

نيل سيزر

perfume

پرفيوم

portacosméticos

واش بيگ

banqueta

اسٽول

balanza

وزن ڪرڻ واري مشين

bata

باٿ روب

guantes de goma

ربڙ جا دستانا

tampón

ٽيمپون

toallita femenina

صفائي وارو ٽاول

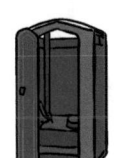

baño químico

ڪيميائي ٽوائلٽ

cuarto de los chicos

ٻارن جو ڪمرو

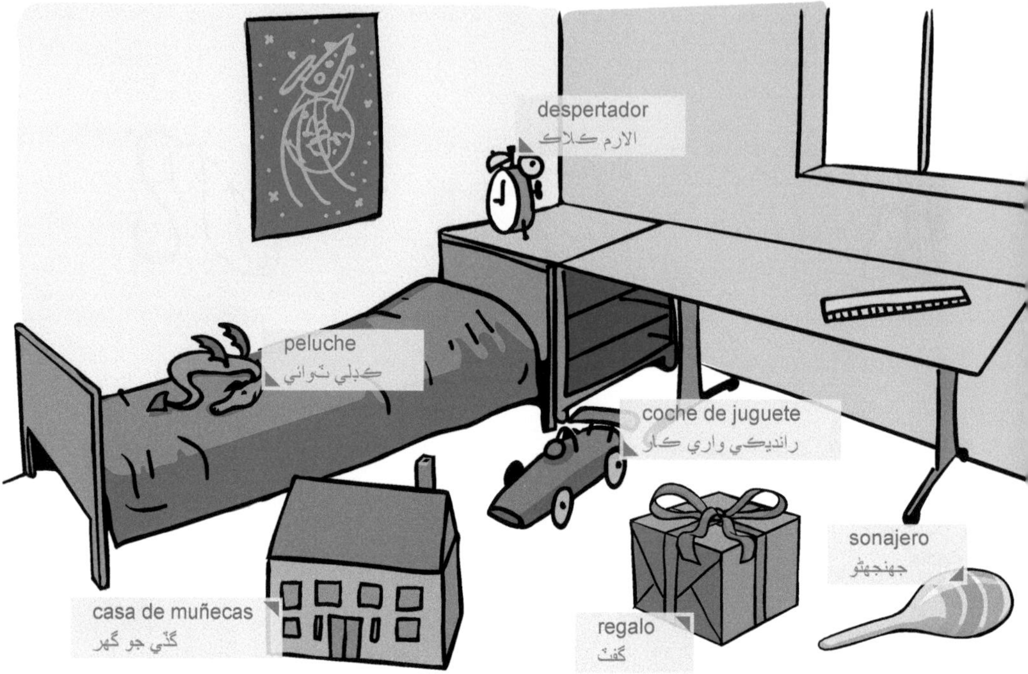

despertador
الارم ڪلاڪ
peluche
ڪڊلي ٽوائي
coche de juguete
رانديڪي واري ڪار
sonajero
جهنجهڻو
casa de muñecas
regalo

globo

ڦوڪڻو

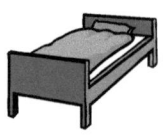

cama

بيڊ

cochecito

ٻار جي گاڏي

cartas

ڊيڪ آف ڪارڊز

rompecabezas

جگسا

historieta

ڪامڪ

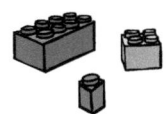

piezas de lego

....

ليگوبرگس

ladrillos de juguete

....

رانديڪن وارا بلاڪس

figura de acción

....

ايڪشن فگر

enterito (de bebé)

....

بيبي گرو

frisbee

....

فرسبي

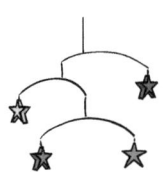

móvil para bebés

....

رانديڪي واري موبائل

juego de mesa

....

بورڊ گيم

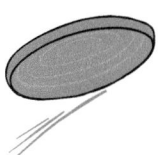

dados

....

چهڪو

tren eléctrico

....

ماڊل ٽرين سيٽ

chupete

....

ٻارن جي چوسڻ واري نپل

fiesta

....

پارٽي

libro de cuentos ilustrado

....

تصوير واري ڪتاب

pelota

....

بال

muñeca

....

گڏي

jugar

....

کيڏڻ

arenero

سينڊ پٽ

hamaca

جهولا

juguetes

رانديڪا

consola de videojuegos

وڊيو گيم ڪنسول

triciclo

ٽن ڦيٿن واري سائيڪل

osito de peluche

ٽيڊي بيئر

armario

ڪپڙن جي الماري

ropa
لباس

medias

جرابا

medias panty

اسٽاڪنگز

calzas

ٽائٽس

bufanda
اسکارف
paraguas
cinturón
بیلٹ
remera
ٹي شرٹ
botas
بوٹ
pantuflas
چپل
zapatillas
جاگر شوز

sandalias

سینڈل

zapatos

جوتا

botas de goma

ربڑ جا بوٹ

ropa interior

انڈرپینٹس

corpiño

بریزر

chaleco

واسکٹ

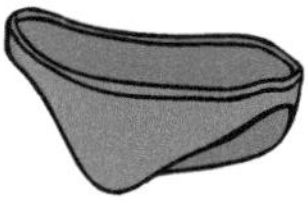

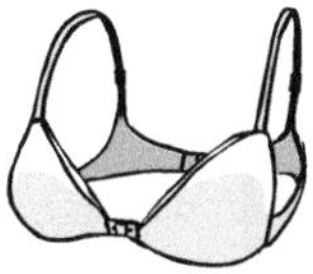

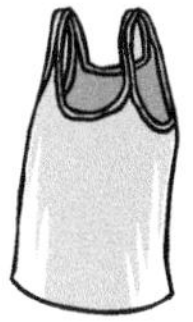

body

جسم

pantalones

پتلون

jeans

جينز پينٽ

pollera

اسڪرٽ

blusa

چولو

camisa

قميض

pulóver

جرسي

buzo

هوڊي

blazer

بليزر

campera

جيڪٽ

tapado

ڪوٽ

piloto

بارش ۾ پائڻ وارو ڪوٽ

traje

پوشاڪ

vestido

لباس

vestido de novia

شادي جو لباس

traje

سوٽ

camisón

نائيٽ گاؤن

pijama

پاجامو

sari

ساڙي

pañuelo para cabeza

مٿي تي ٻڌڻ وارو اسڪارف

turbante

پڳڙي

burka

برقعو

caftán

ڪفتان

abaya

عبايو

traje de baño

تيراڪي جو لباس

short de baño

چڏي

shorts

نيڪر

jogging

ٽريڪ سوٽ

delantal

اپرن

guantes

دستانا

botón
بٽڻ

anteojos
چشمو

pulsera
بريسليٽ

collar
هار

anillo
منڊي

aro
واليون

gorra
ٽوپي

percha
ڪوٽ هينگر

sombrero
ٽوپي

corbata
ٽائي

cierre
زپ

casco
هيلمٽ

tiradores
بريسز

uniforme escolar
اسڪول يونيفارم

uniforme
وردي

babero

ٻارن لاءِ ڳلي ۾ ٻڌڻ وارو ڪپڙو

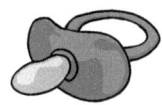

chupete

ٻارن جي چوسڻ واري نپل

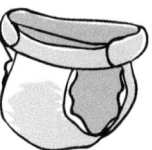

pañal

ڪڇو

oficina

آفس

servidor
سرور
archivero
فائلن جي الماري
papel
ڪاغذ
impresora
پرنٽر
monitor
مانيٽر
mouse
ماؤس
escritorio
ميز
carpeta
فولڊر
teclado
ڪي بورڊ
silla
ڪافي مگ
tacho (de basura)
ردي جي ٽوڪري
computadora
ڪمپيوٽر

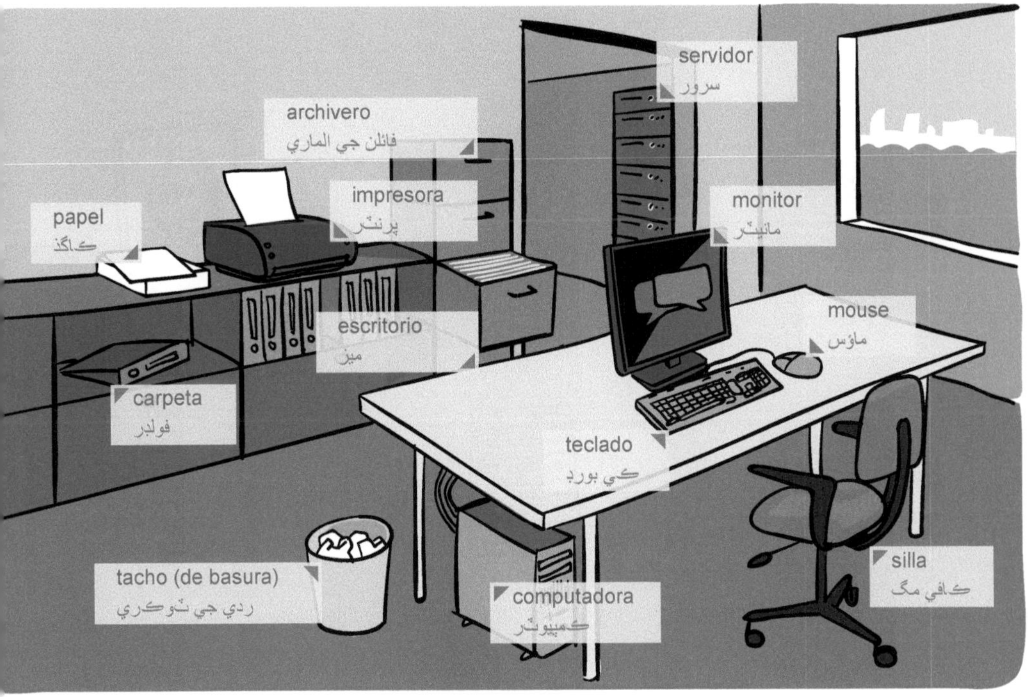

taza de café

ڪافي مگ

calculadora

ڪيلڪيوليٽر

internet

انٽرنيٽ

laptop

لیپ ٹاپ

carta

خط

mensaje

پیغام

celular

موبائل

red

نیٹ ورک

fotocopiadora

فوٹو کاپي کرڻ واري مشين

software

سافٹ ویئر

teléfono

ٹیلي فون

tomacorriente

پلگ ساکٹ

fax

فیکس مشین

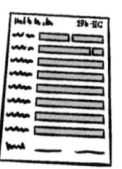

formulario

فارم

documento

دستاویز

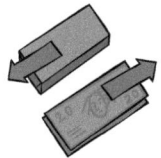

comprar

خرید کرڑ

pagar

ادا کرڑ

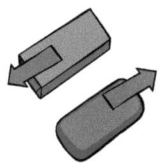

hacer negocios

صاف کرڑ

dinero

پیسا

dólar

ڈالر

euro

یورو

yen

یین

rublo

روبل

franco suizo

سوئس فرانک

yuan

رینمنبیی یوآن

rupia

روپیو

cajero automático

کیش پوائنٹ

casa de cambio

رقم تبديل ڪرائڻ جي آفيس

oro

سون

plata

چاندي

petróleo

خام تيل

energía

توانائي

precio

قيمت

contrato

معاهدو

impuesto

ٽيڪس

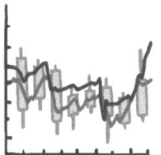

acción

ذخيرو

trabajar

ڪم ڪرڻ

empleado

ملازم

empleador

آجر

fábrica

فيڪٽري

negocio

دڪان

policía
پولیس آفیسر

bombero
فائر مین

cocinero
باورچی

médico
ڈاکٹر

piloto
پائلٹ

jardinero
مالي

carpintero
وادو

modista
درزن

juez
جج

farmacéutico
کیمیسٹ

actor
اداکار

colectivero

بس ڊرائيور

taxista

ٽيڪسي ڊرائيور

pescador

مڇي مارڻ وارو

mucama

صفائي ڪرڻ واري مائي

techista

چهت ٺاهڻ وارو

mozo

ويٽر

cazador

شڪاري

pintor

رنگ ساز

panadero

نانوائي

electricista

اليڪٽريشن

albañil

بلڊر

ingeniero

انجنيئر

carnicero

ڪاسائي

plomero

پلمبر

cartero

پوسٽ مين

soldado

سپاهي

arquitecto

آرکيټيکټ

cajero

خزانچي

florista

گل کپائڼ وارو

peluquero

نائي

cobrador

کنډيکټر

mecánico

مکينک

capitán

کپتان

dentista

ډينټسټ

científico

سائنسدان

rabino

يهودي عالم

imán

امام

monje

راهب

sacerdote

پادري

herramientas

martillo
tenaza
پلاس
destornillador
llave
پانو
linterna

excavadora

ايڪسڪويٽر

caja de herramientas

ٽول باڪس

escalera portátil

ڏاڪڻ

sierra

آري

clavos

ڪوڪو

taladro

ڊرل

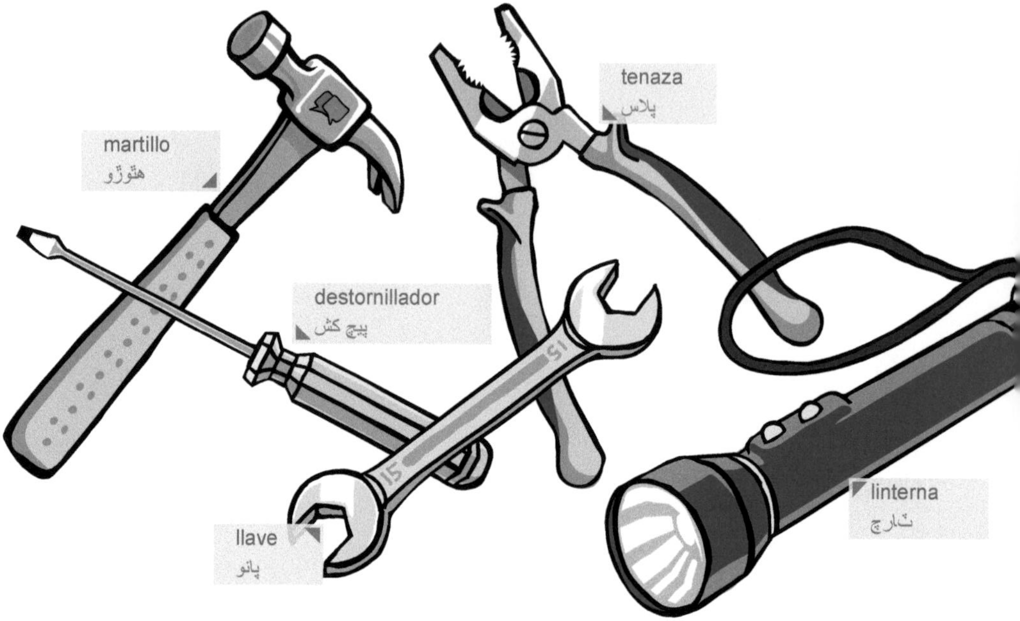

arreglar

مرمت ڪرڻ

pala de jardín

بيلچو

¡Qué bronca!

لعنت هجي!

pala de plástico

ڪچري دان

tacho de pintura

پينٽ وارو دٻو

tornillos

پيچ

instrumentos musicales

موسيقي جا اوزار

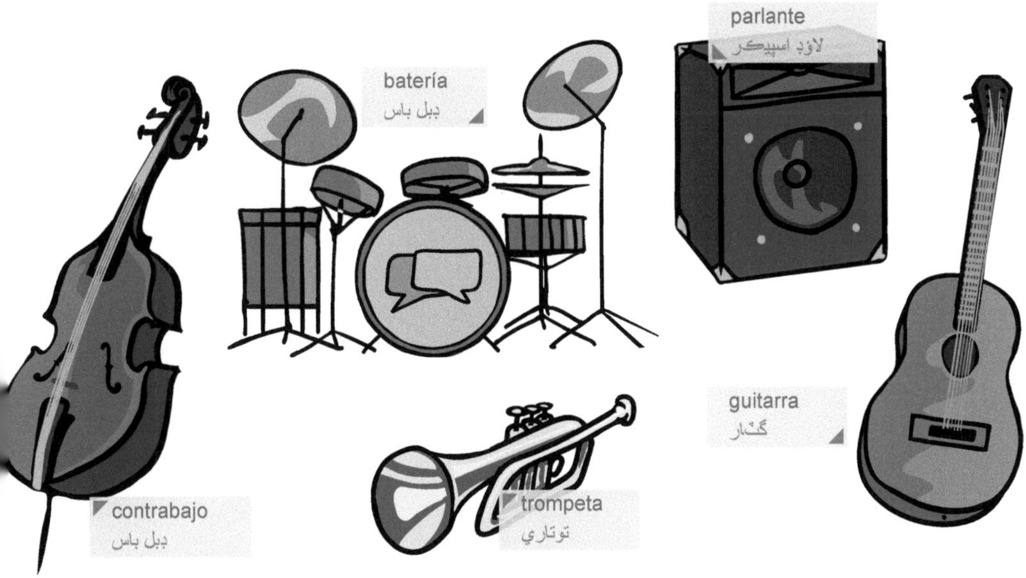

parlante
لاؤڊ اسپيڪر
batería
ڊبل باس
guitarra
گٽار
contrabajo
ڊبل باس
trompeta
توتاري

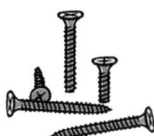

piano

پيانو

violín

وائلن

bajo

گٽار

timbales

ٽمپاني

tambor

ڊرم

teclado

ڪي بورڊ

saxofón

سيڪوفون

flauta

بانسري

micrófono

مائيڪروفون

zoológico

چڙيا گھر

entrada
داخل ٿيڻ جو رستو
tigre
چيتا
jaula
پڃرو
cebra
زيبرا
alimento para animales
جانورن جي خوراڪ
oso panda
پانڊو

animales

جانور

elefante

هاٿي

canguro

ڪينگرو

rinoceronte

گينڊو

gorila

گوريلو

oso

رڇ

camello

اٺ

avestruz

شتر مرغ

león

شينهن

mono

ڀولڙو

flamenco

فليمنگو

loro

طوطو

oso polar

برفاني رڇ

pingüino

ڪبوتر

tiburón

شارڪ

pavo real

مور

serpiente

نانگ

cocodrilo

واڳون

cuidador del zoológico

چڙيا گھر جو محافظ

foca

گوج مڇي

jaguar

چيتو

poni

ٽٽون

leopardo

چيتو

hipopótamo

دريائي گهوڙو

jirafa

چزراف

águila

باز

jabalí

سوئر

pescado

مڇي

tortuga

ڪمي

morsa

سامونڊي گهوڙو

zorro

لومڙي

gacela

هرڻ

deportes
راند

fútbol americano
ciclismo
tenis
básquet
natación
تيراڪي
boxeo
hockey sobre hielo
آئس هاڪي

fútbol
فوٽبال

bádminton
بيڊمنٽن

atletismo
ايٿليٽڪس

handball
هينڊ بال

esquí
اسڪيئنگ

polo
پولو

actividades

سرگرميون

saltar
ٽپو ڏيڻ
abrazar
ڀاڪر پائڻ
reír
کلڻ
caminar
هلڻ
cantar
گانو ڳائڻ
soñar
خواب ڏسڻ
rezar
دعا ڪرڻ
besar
چمي ڏيڻ

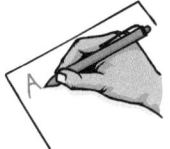

escribir

لکڻ

dibujar

تصوير ڪشي ڪرڻ

mostrar

ڏيکارڻ

presionar

ڌڪو ڏيڻ

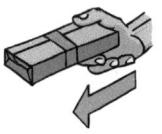

dar

ڏيڻ

tomar

وٺڻ

tener

ركڻ

hacer

ڪرڻ

ser

ٿيڻ

estar parado

بيهڻ

correr

ڀڄڻ

tirar

ڇڪڻ

tirar

اڇلائڻ

caer

ڪرڻ

estar acostado

ڪوڙ ڳالهائڻ

esperar

انتظار ڪرڻ

llevar

کڻي وڃڻ

estar sentado

ويهڻ

vestirse

تيار ٿيڻ

dormir

سمهڻ

despertar

جاڳڻ

mirar

ڏسڻ

llorar

روئڻ

acariciar

ڏڪ هڻڻ

peinar

ڪنگي ڪرڻ

hablar

ڳالهائڻ

entender

سمجهڻ

preguntar

پڇڻ

escuchar

ٻڌڻ

beber

پيئڻ

comer

کائڻ

ordenar

صاف ڪرڻ

amar

پيار ڪرڻ

cocinar

پچائڻ

manejar

گاڏي هلائڻ

volar

اڏرڻ

actividades - سرگرميون 65

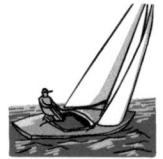

navegar

....

بحري سفر ڪرڻ

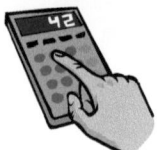

calcular

....

حساب ڪرڻ

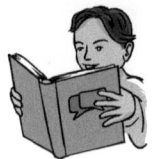

leer

....

پڙهڻ

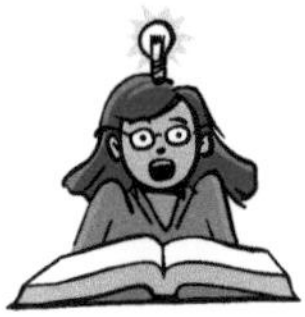

aprender

....

سکڻ

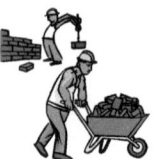

trabajar

....

ڪم ڪرڻ

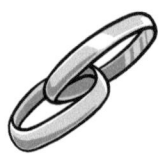

casarse

....

شادي ڪرڻ

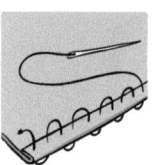

coser

....

سيڻ

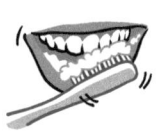

cepillarse los dientes

....

ڏندن کي برش ڪرڻ

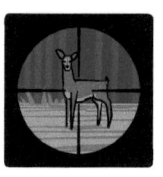

matar

....

قتل ڪرڻ

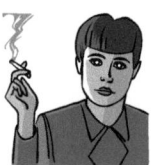

fumar

....

سگريٽ پيئڻ

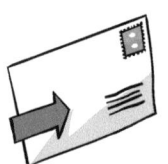

enviar

....

موڪلڻ

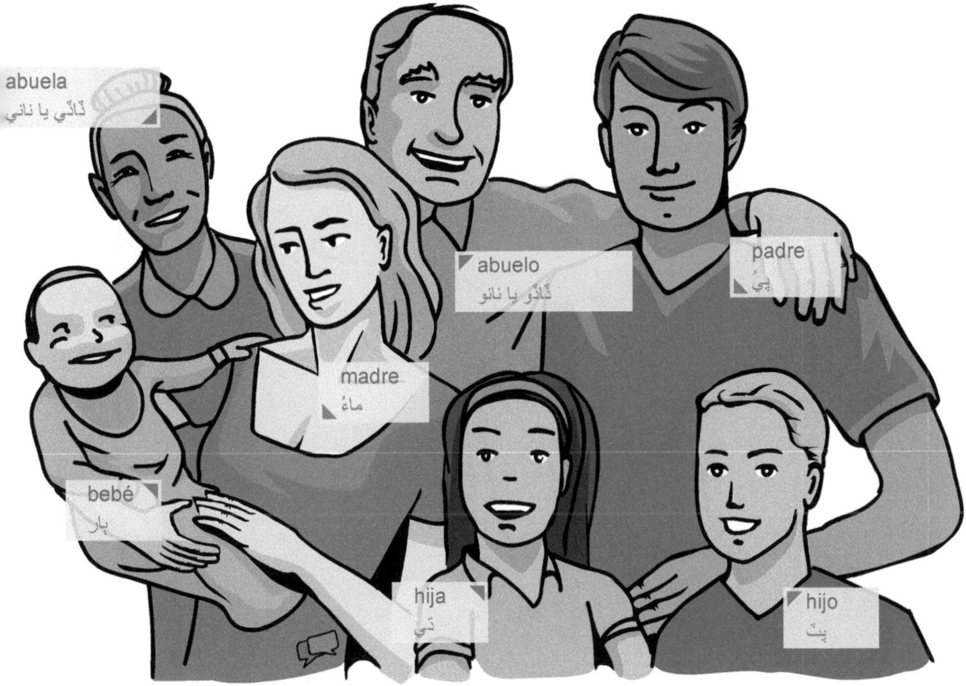

abuela
ڏاڏي يا ناني
abuelo
ڏاڏو يا نانو
padre
madre
ماءُ
bebé
ٻار
hija
hijo
پٽ

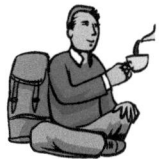

invitado

مهمان

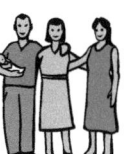

tía

چاچي

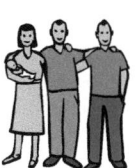

tío

چاچو

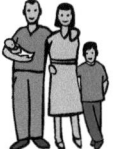

hermano

ڀاءُ

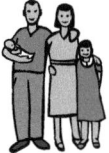

hermana

ڀيڻ

cuerpo

جسم

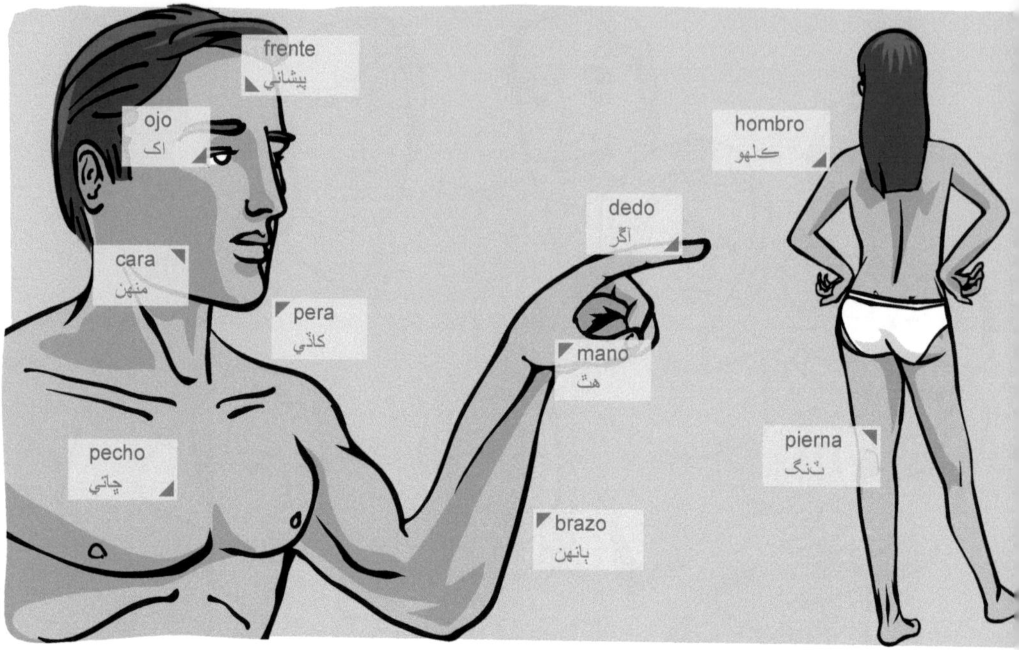
frente
پيشاني
ojo
اک
hombro
ڪلهو
dedo
آڱر
cara
منهن
pera
ڪاڏي
mano
هٿ
pierna
ٽنگ
pecho
ڇاتي
brazo
ٻانهن

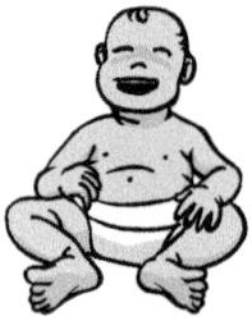

bebé

ٻار

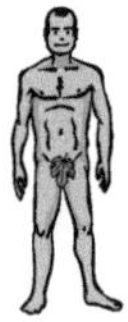

hombre

ماڻهون

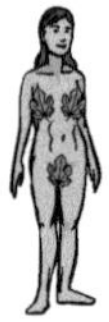

mujer

عورت

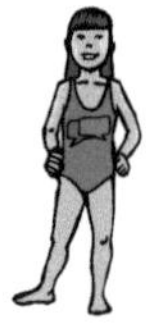

nena

ڇوڪري

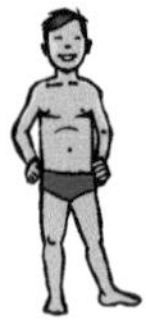

nene

ڇوڪرو

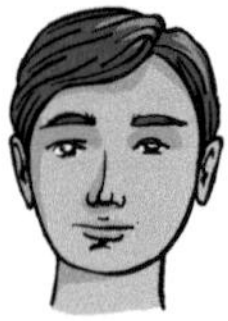

cabeza

مٿو

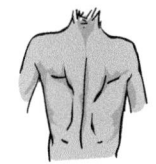

espalda

پٺي

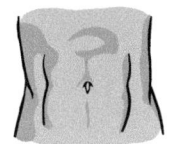

panza

پيٽ

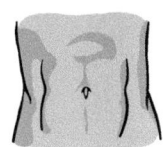

ombligo

دن

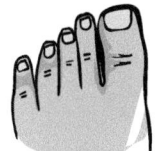

dedo del pie

پير جو آڱوٺو

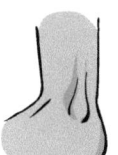

talón

ڪڙي

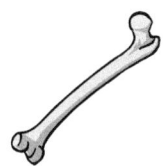

hueso

هڏي

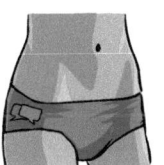

cadera

هندڙ

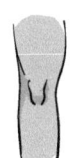

rodilla

گوڏو

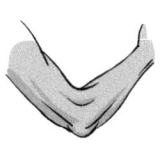

codo

ٺونٺ

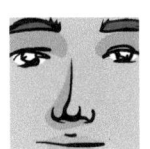

nariz

نڪ

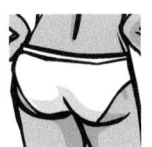

cola

هيٺيون حصو

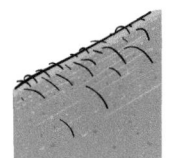

piel

کل

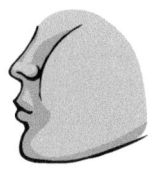

cachete

ڳل

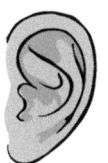

oreja

ڪن

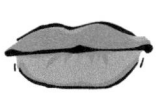

labio

چپ

boca

وات

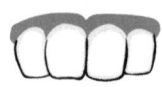

diente

ڏند

lengua

زبان

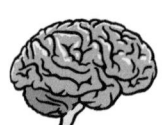

cerebro

دماغ

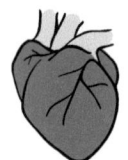

corazón

دل

músculo

ڏورو

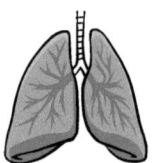

pulmón

ڦڦڙ

hígado

جگر

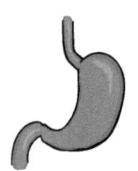

estómago

معدو

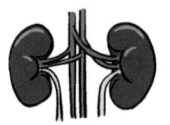

riñones

گردا

sexo

جماع ڪرڻ

preservativo

ڪنڊوم

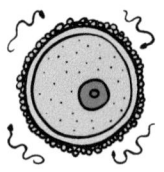

óvulo

بيضہ

semen

مني

embarazo

حمل

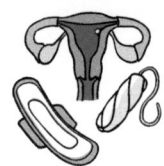

menstruación

حيض

vagina

ٻچيداني جي نالي

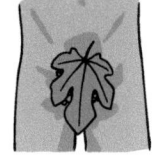

pene

مردانو مخصوص عضوو

ceja

ڀرون

pelo

وار

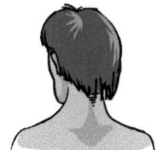

cuello

ڳچي

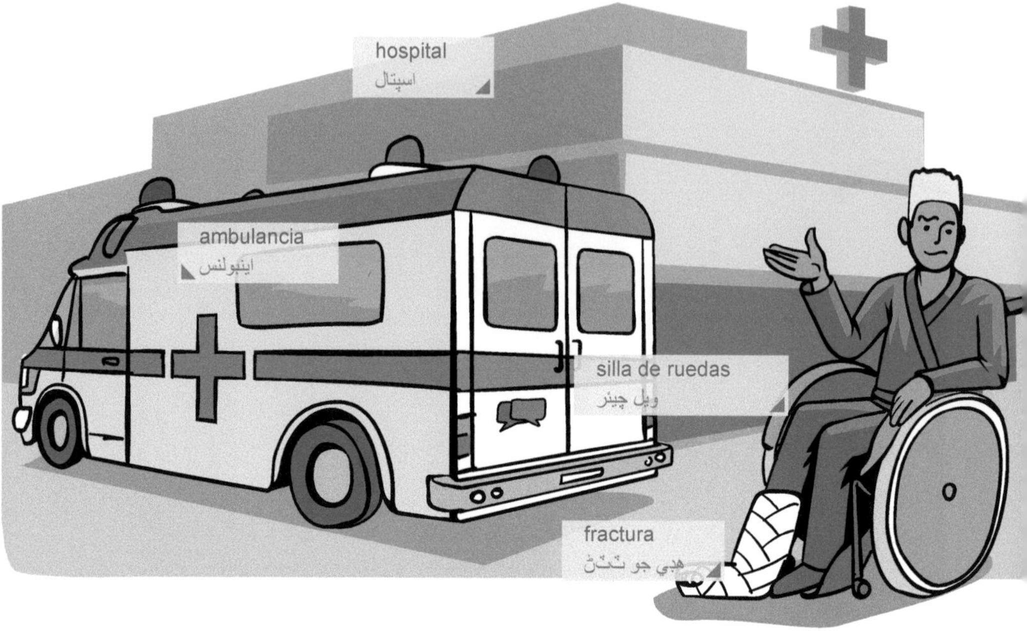

hospital

اسپتال

ambulancia
اينبولنس
silla de ruedas
ويل چيئر
fractura

médico
....
ڊاڪٽر

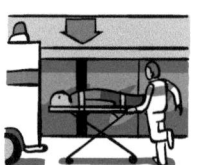

sala de guardia
....
هنگامي ڪمرو

enfermera
....
نرس

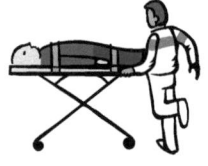

emergencia
....
ايڪسري

inconsciente
....
بيهوش

dolor
....
سور

lesión

زخم

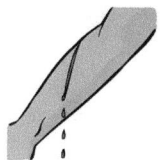

hemorragia

رت وهڻ

infarto

دل جو دورو

ACV

فالج

alergia

الرجي

tos

کنگهه

fiebre

بخار

gripe

زڪام

diarrea

دست

dolor de cabeza

مٿي جو سور

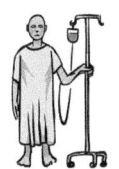

cáncer

ڪينسر

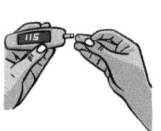

diabetes

ذيابيطس

cirujano

سرجن

bisturí

جراحي بليڊ

operación

آپريشن

TC

سي ٽي

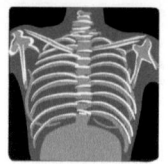

rayos x

ايڪسري

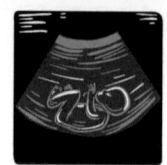

ecografía

الٽراساؤنڊ

barbijo

منهن جي ماسڪ

enfermedad

بيماري

sala de espera

انتظار ڪرڻ جو ڪمرو

muleta

بيساکهي

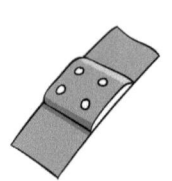

curita

پالاسٽر

venda

پٽي

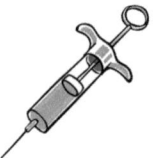

inyección

انجيڪشن

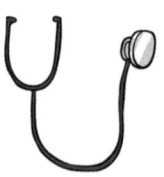

estetoscopio

اسٽيٿهوسڪوپ

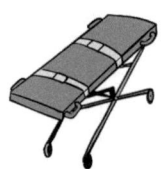

camilla

اسٽريچر

termómetro

ٿرماميٽر

nacimiento

پيدائش

sobrepeso

موٽاپو

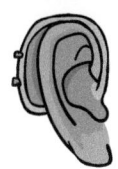

audífono

پډڼ واري ډیوائس

desinfectante

جراثیم کش

infección

انفیکشن

virus

وائرس

VIH / SIDA

ایچ آئ وي / ایډز

remedio

دوا

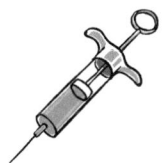

vacunación

ویکسینیشن

comprimidos

ټکي

pastilla anticonceptiva

ګوري

llamada de emergencia

هنګامي کال

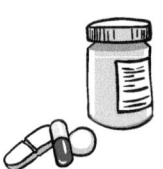

tensiómetro

بلډ پریشر مانیټر

enfermo / sano

بیمار / صحت

emergencia

ايڪسري

¡Ayuda!

....

مدد

alarma

....

الارم

agresión

....

جسماني حملو ڪرڻ

ataque

....

حملو ڪرڻ

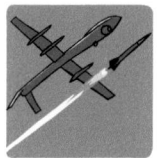

peligro

....

خطره

salida de emergencia

....

هنگامي حالت ۾ نڪرڻ جو رستو

¡Fuego!

....

باهه

matafuego

....

باهه وسائڻ جو اوزار

accidente

....

حادثو

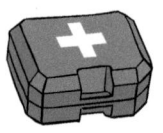

botiquín de primeros auxilios

....

ابتدائي طبي امداد

SOS

....

ايس او ايس

policía

....

پوليس

Europa

یورپ

América del Norte

اتر آمریکا

América del Sur

ڈکڑ آمریکا

África

آفریقا

Asia

ایشیا

Australia

آسٹریلیا

Atlántico

اٹلانٹک

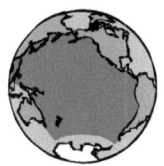

Pacífico

پیسفک

Océano Índico

بحر ہند

Océano Antártico

انٹارکٹک سمند

Océano Ártico

آرکٹک سمند

polo norte

اتر قطب

polo sur

....

ڏکڻ قطب

Antártida

....

انٽارڪٽيڪا

Tierra

....

زمين

tierra

....

زمين

mar

....

سمنڊ

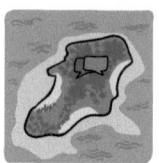

isla

....

جزيرو

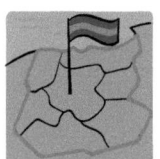

nación

....

قوم

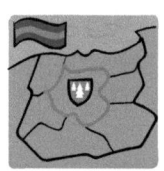

estado

....

رياست

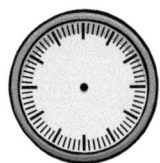

reloj

ڪلاڪ

esfera

گھڙي جو سامھون حصو

manecilla de las horas

ڪلاڪ واري سوئي

minutero

منٽ واري سوئي

segundero

سيڪنڊن واري سوئي

¿Qué hora es?

ٽائم گھڻو ٿيو آھي؟

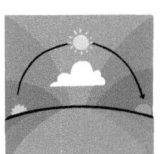

día

ڏينھن

hora

وقت

ahora

ھاڻي

reloj digital

ڊجيٽل گھڙي

minuto

منٽ

hora

ڪلاڪ

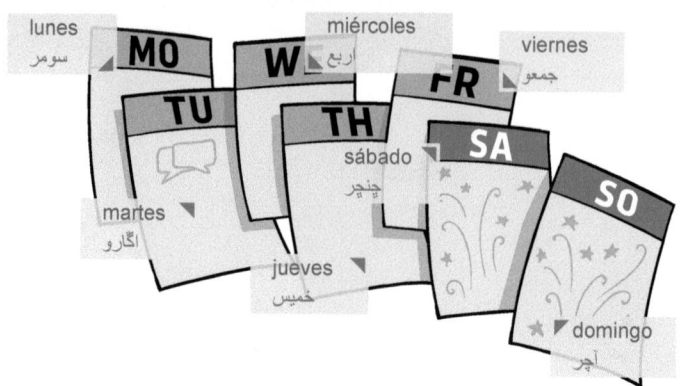

lunes — سومر
miércoles — اربع
viernes — جمعو
martes — اگارو
jueves — خميس
sábado — چنڊر
domingo — آچر

ayer

كله

hoy

اڄ

mañana

سڀاڻي

mañana

صبح

mediodía

منجهند

tarde

شام

MO	TU	WE	TH	FR	SA	SU
1	2	3	4	5	6	7
8	9	10	11	12	13	14
15	16	17	18	19	20	21
22	23	24	25	26	27	28
29	30	31	1	2	3	4

días hábiles

كاروباري ڏينهن

MO	TU	WE	TH	FR	SA	SU
1	2	3	4	5	6	7
8	9	10	11	12	13	14
15	16	17	18	19	20	21
22	23	24	25	26	27	28
29	30	31	1	2	3	4

fin de semana

هفتي جو آخر

año

سال

lluvia
برسات
arco iris
nieve
برف
viento
هوا
primavera
بهار
otoño
خزان
verano
گرمي جي موسم
invierno
سردي جي موسم

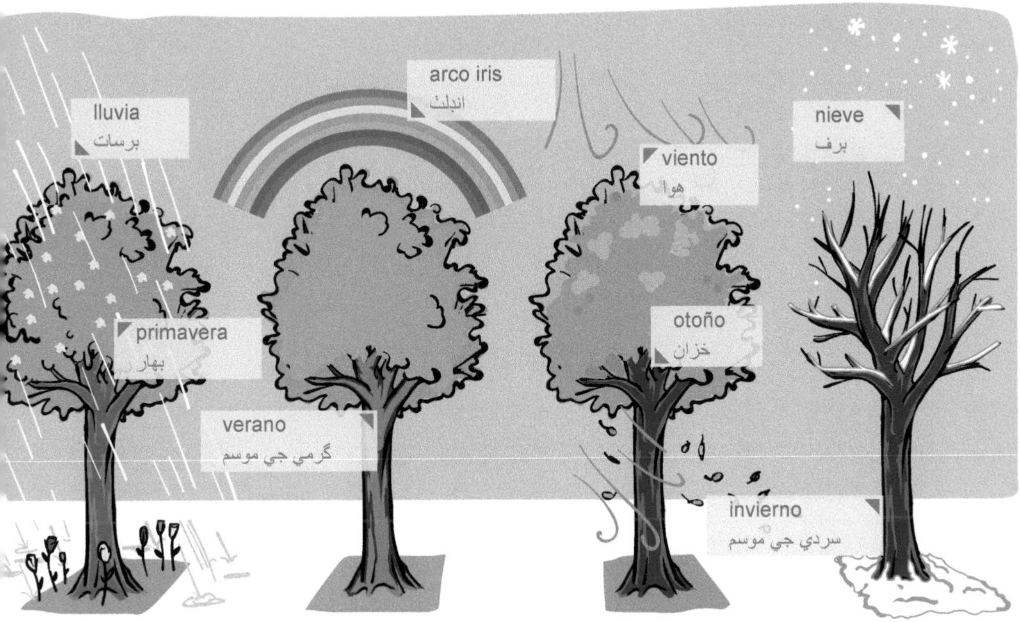

pronóstico meteorológico

....

موسم جي پيشنگوهي

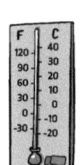

termómetro

....

ٿرماميٽر

luz del sol

....

اُس

nube

....

بادل

niebla

....

ڌنڌ

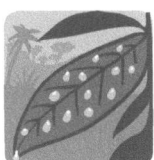

humedad

....

نمي

rayo

آسماني بجلي

trueno

ٺرماميٽر

tormenta

طوفان

granizo

ڳڙن جو مينهن

monzón

مون سون

inundación

ٻوڏ

hielo

برف

enero

جنوري

febrero

فيبروري

marzo

مارچ

abril

اپريل

mayo

مئي

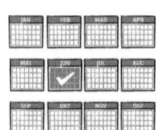

junio

جون

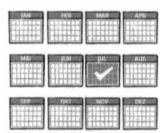

julio

جولاني

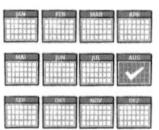

agosto

آگسٽ

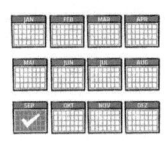

septiembre

سپتمبر

octubre

أكتوبر

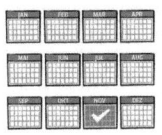

noviembre

نوبمبر

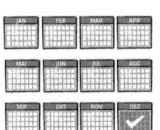

diciembre

ڈسمبر

formas

شكلون

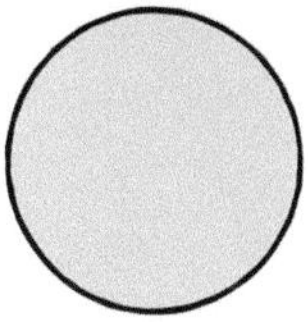

círculo

دائرو

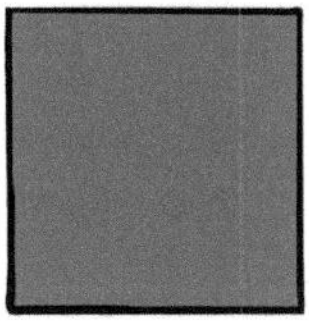

cuadrado

چکور

rectángulo

مستطيل

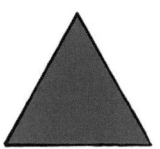

triángulo

ٹاکنڈي

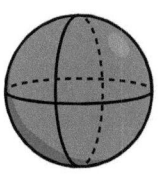

esfera

کره

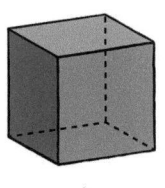

cubo

کعب

colores

ڪلر

blanco

اڇو

amarillo

پيلو

naranja

نارنجي

rosa

گلابي

rojo

ڳاڙهو

violeta

جامني

azul

نيرو

verde

سائو

marrón

ناسي

gris

پورو

negro

ڪارو

mucho / poco

گهڻو / ٿورو

enojado / tranquilo

ناراض / پر سڪون

lindo / feo

خوبصورت / بدصورت

principio / fin

شروعات / ختم

grande / chico

وڏو / نڍو

claro / oscuro

روشني / اونده

hermano / hermana

بهن / بهائي

limpio / sucio

صاف / خراب

completo / incompleto

مڪمل / نا مڪمل

día / noche

ڏينهن / رات

muerto / vivo

مرده / زنده

ancho / angosto

بگهو / تنگ

comestible / no comestible

کائڻ قابل نه هجڻ / کائڻ جي قابل هجن

malo / amable

برو / سٺو

entusiasmado / aburrido

پرجوش / بوريت جوشڪار

gordo / flaco

موٽو / پتلو

primero / último

پهريون / آخري

amigo / enemigo

دوست / دشمن

lleno / vacío

پريل / خالي

duro / blando

سخت / نرم

pesado / liviano

ڳورو / هلڪو

hambre / sed

بک / اڃ

enfermo / sano

بيمار / صحت

ilegal / legal

غيرقانون / قانوني

inteligente / estúpido

عقلمند / بيوقوف

izquierda / derecha

سڌو / ابتو

cerca / lejos

ويجهي / پري

nuevo / usado

نئون / استعمال ٿيل

nada / algo

ڪجھ بہ نہ / ڪجھ

viejo / joven

پوڙهو / نوجوان

encendido / apagado

آن / آف

abierto / cerrado

کليل / بند

silencioso / ruidoso

خاموش / بلند آواز سان

rico / pobre

امير / غريب

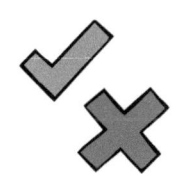

correcto / incorrecto

صحيح / غلط

áspero / suave

کهورو / لسو

triste / contento

غمگين / خوش

corto / largo

مختصر / ڊگهو

lento / rápido

آهسته / تيز

mojado / seco

آلو / سڪل

caliente / frío

گرم / ٿڌو

guerra / paz

جنگ / امن

números

نمبرز

0	**1**	**2**
cero	uno	dos
زيرو	هڪ	ٻه
3	**4**	**5**
tres	cuatro	cinco
ٽي	چار	پنج
6	**7**	**8**
seis	siete	ocho
ڇه	ست	اٺ
9	**10**	**11**
nueve	diez	once
نَوَ	ڏه	يارهن

12

doce

ٻارهن

13

trece

تيرهن

14

catorce

چوڏهن

15

quince

پندرهن

16

dieciséis

سورهن

17

diecisiete

سترهن

18

dieciocho

ارڙهن

19

diecinueve

اوڻويه

20

veinte

ويه

100

cien

سو

1.000

mil

هزار

1.000.000

millón

ڏه لک

idiomas

پوليون

inglés

انګريزي

inglés americano

آمريکي انګريزي

chino mandarín

چيني مينډارن

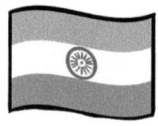

hindi

هندي

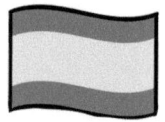

español

اندلسي بولي

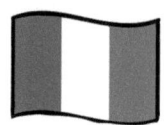

francés

فرانسيسي

árabe

عربي

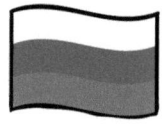

ruso

روسي

portugués

پرتګالي

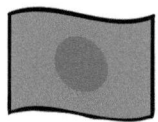

bengalí

بنګالي

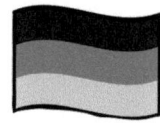

alemán

جرمن

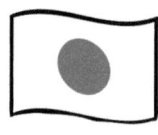

japonés

جاپاني

quién / qué / cómo
ڪير / ڇا / ڪيئن

yo
مان

vos
تون

él / ella
هي ڇوڪري/ هي ڇوڪرو / هو

nosotros
اسان

ustedes
توهان

ellos
هو

¿quién?
ڪير؟

¿qué?
ڇا؟

¿cómo?
ڪيئن

¿dónde?
ڪٿي؟

¿cuándo?
ڪڏهن؟

nombre
نالو

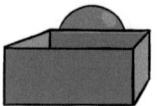

dónde

ڪاٿي

detrás

پويان

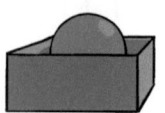

en

adelante de

جي سامهون

por encima de

مٿي

sobre

تي

debajo de

هيٺ

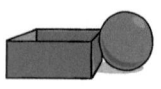

al lado de

گڏ

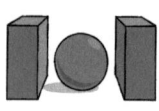

entre

وچ ۾

lugar

جڳهه